STATUTS
ET ATOURS
POUR LA COMMUNAUTÉ
DES MAISTRES
BOUTONNIERS
ET ENJOLIVEURS
DE LA VILLE DE METZ.

Avec les Lettres Patentes du Roy, portant confirmation desdits Statuts & Atours.

Et l'Arrest de la Cour de Parlement, portant l'Homologation ; La Déclaration du Roy du 25. Septembre 1694. L'Arrest du Conseil d'Etat du 14. Juin 1695. Et la Sentence de Mr. le Lieutenant General de Police du 17. Novembre 1700. portant l'exécution desd. Declaration & Arrest.

Imprimez pour la premiere fois en 1701. étant Jurez de la Communauté,

ETIENNE GUSSOT,   PIERRE DE LA BARTE,
FRANCOIS STADTER,   FRANCOIS LIEBAUX.
ISAIE LIEBAUX,   MICHEL DE LAUNET,
PIERRE MAIZIERE,   FRANCOIS VAILLANT.
PIERRE BEURRE,

A METZ, Chez JEAN ANTOINE, au Coin de la Place d'Armes.

1318

Les Maiſtres d'Office en l'année 1738.

FRANÇOIS MOREAU, Maiſtre.

LOUIS LA COUR, Vieux Maiſtre.

JEAN BONO, Plein Métier.

JEAN-BAPTISTE GUSSOT, Jeune Six.

Maiſtres de la Communauté.

Etienne Stadter,
Nicolas Laurette,
Didier Bouchotte,
Nicolas Malliochon,
Michel Guſſot,
François Launet,
Jean Stadter,
Jean la Barte,
François·Malliochon,
Pierre Gavet,

André Deſmarteaux,
Jean Barba,
Charles Lardin,
François Lamarche,
Daniel Morhain,
Loüis-François Neveu,
Michelet,
Michel Lamarche,
Noël Reignier,
François François.

STATUTS ET ATOURS

*Pour la Communauté des Maistres Boutonniers
& Enjoliveurs de la Ville de Metz.*

ARTICLE PREMIER.

PREMIEREMENT, que nul ne pourra être reçû à la Maistrise des Maistres Boutonniers & Enjoliveurs en cette Ville de Metz s'il n'a fait quatre ans entiers d'Aprentissage chez un des Maistres de ladite Ville; après son Aprentissage fini, pourra travailler sous quel Maistre il trouvera à propos.

II.

Auparavant que les Jurez dudit Métier ordonnent le Chef-d'œuvre à ceux qui aspireront à la Maistrise, lesdits Jurez seront tenus de voir le Brevet de l'Aprentissage desdits Aspirans, s'enquerir de leurs vie & mœurs, des Maistres qu'ils auront servi comme Aprentifs ou Compagnons, pour, selon le rapport qu'ils en auront fait, leur ordonner ledit Chef-d'œuvre ou leur refuser.

III.

Ledit Chef-d'œuvre sera ordonné par les Jurez en charge assistez des autres Maistres pour voir le Chef-d'œuvre qui se fera chez un des Maistres en charge; auparavant la clôture d'icelui, le Chef-d'œuvre étant de faire un Bouton à Points de Milan, à petits Points & à Cordeliere, semblable à ceux qui sont dans la Boëte.   IV.

Seront tenus les Aspirans à la Maistrise pour Chef-d'œuvre

de faire telle Piece dudit Métier qui leur fera defigné par les Maiftres de l'Office de ladite Communauté, & pour leur reception au Chef-d'œuvre feront tenus de mettre dans la Boëte de la Communauté pour les affaires d'icelle la fomme de dix livres tournois, dont les Maiftres feront comptables, & en feront la recette, ainfi qu'il fe pratique dans les autres Maîtrifes.

V.

Lefdits Afpirans à la Maiftrife pour leur reception pour Chef-d'œuvre payeront aux Jurez fix livres tournois, & aux Maiftres affiftans trente fols, & à Meffieurs les Juges dix livres pour leur reception à ladite Maiftrife.

V I.

AucunsMaiftres dudit Métier ne pourront prendre ni obliger des Aprentifs qu'en préfence des Jurez en charge, à peine de nullité des Brevets & de dix livres d'amende, & de tous dépens contre les Maiftres contrevenans ; & payera chacun Maiftre qui prendra un Aprentif trente fols pour les affaires de ladite Communauté ; & ne pourront les Maiftres dudit Métier avoir plus d'un Aprentif à la fois, ni en obliger un fecond que la moitié du temps du premier ne foit expiré : Comme auffi les Jurez dudit Métier ne pourront transporter aucuns Brevets d'Aprentiffage aux Maiftres de ladite Communauté qui auront un Aprentif obligé ; Que fi le tranfport eft fait à un Maiftre qui n'aura point d'Aprentif, l'Aprentif tranfporté lui tiendra lieu d'un autre Aprentif, jufqu'à ce que le temps du Brevet foit expiré.

V I I.

Seront tenus les Maiftres dudit Métier, quinze jours après qu'ils auront obligé un Aprentif, de faire enregiftrer le Brevet par les Jurez dudit Métier, lefquels en tiendront auffi Regiftre qui demeurera au Coffre de ladite Communauté, & payeront lefdits Maiftres pour l'enregiftrement dix fols, fous peine contre les Contrevenans de trois livres d'amende.

VIII.

Les Fils de Maiſtres ſeront reçûs en la Maiſtriſe ſans faire aucun Chef-d'œuvre, ſinon une legere experience, qui leur ſera ordonnée par les Jurez en charge, en la préſence de deux autres Maiſtres mandez à leur tour; payera pour les affaires de ladite Communauté, & mettra dans la Boëte cinq livres, & pour le ſalaire des Jurez en charge trente ſols, & à Meſſieurs les Juges ſix livres; & ne pourront leſdits Fils de Maiſtres obliger ni faire aucuns Aprentifs, quoi qu'ils ſoient reçûs à la Maiſtriſe, qu'ils n'ayent atteint l'âge de dix-huit ans, ſoit qu'ils demeurent chez leur Pere ou ailleurs.

IX.

Si aucun Compagnon ſoit de la Ville ou Etranger épouſe une Fille de Maiſtre dudit Métier, il ſera reçû à la Maiſtriſe en faiſant une legere experience comme les Fils de Maiſtres, & ne payera autres droits que ceux qui ſont ordonnez pour leſdits Fils de Maiſtres.

X.

Les Veuves des Maiſtres dudit Métier pourront exercer la Maiſtriſe tant & ſi long-tems qu'elles demeureront en viduité, & pendant ce tems les Aprentifs qui auront été obligez du vivant de leurs Maris pourront parachever leurs Aprentiſſages avec leſdites Veuves, qui ne pourront obliger de nouveau aucuns Aprentifs; mais ſi elles ſe remarient elles perdront leur Privilege.

XI.

Les Maiſtres Boutonniers & Enjoliveurs pourront faire travailler pour faire leurs ouvrage & mettre en beſogne toutes ſortes de Perſonnes qu'ils trouveront capables.

XII.

Ne pourront les Maiſtres dudit Métier donner à travailler à un Compagnon de dehors, ſi auparavant il ne fait aparoître ſon Brevet d'Aprentiſſage dans ſix ſemaines, ou à faute de ce, ſi dans ledit tems il ne fait pas paroître ſa Lettre pour

travailler dans ladite Ville, sera tenu le Maistre là où il sera
de le faire enregistrer sur le Livre de la Communauté, & pour
permission de travailler sans Lettre, payera trente sols.

XIII.

Nul Maistre dudit Métier ne pourra prendre un Compagnon qui aura travaillé chez un Maistre de ladite Ville qu'il n'ait été en personne demander au Maistre de là où il sort s'il est content dudit Compagnon, & s'il ne lui est rien dû, & en cas qu'il doive quelque chose, ne pourra le mettre en besogne qu'il n'ait satisfait le Maistre d'où il sort, à peine de six livres d'amende. Et aucun Compagnon, soit de la Ville ou de dehors qui sera mis au service d'un Maistre, ne pourra se retirer dudit service qu'il n'en ait averti son Maistre un mois auparavant de se retirer.

XIV.

Nul Maistre dudit Métier ne pourra faire ni vendre aucuns Boutons ni autres Ouvrages dudit Métier d'Or ou d'Argent fin, ou de Soye fine qu'elle ne soit faite de bonne & loyale étoffe, selon la qualité de l'Ouvrage, à peine de dix livres d'amende & de confiscation pour la premiere fois, & de plus grandes peines & amendes s'ils y récidivent, à la discrétion de la Justice.

XV.

Les Maistres du Métier ne pourront mêler l'Or & l'Argent fin avec l'Or & l'Argent faux filé ou non filé, encore qu'ils en soient requis.

XVI.

Ne pourront les Maistres dudit Métier mêler l'Or & l'Argent faux filé & non filé avec l'Or & l'Argent de masse, & ledit Or ou Argent de masse avec l'Or de Paris ou de Bazin; pourront neantmoins avec l'Or ou l'Argent fin mêler toutes sortes de Soyes, comme aussi avec l'Or faux filé sur Soye, s'ils en sont requis.

XVII.

Au regard des Ouvrages de Soye, pourront lesd. Maistres

le faire de toute forte de manière, & l'employer avec Fil &
Laine, Fleûret, Coton, felon la qualité de l'Ouvrage, comme ils trouveront à propos, & comme ils en feront requis.

XVIII.

Feront les Maiftres Boutonniers & Enjoliveurs de la Ville
de Metz, à l'excufion de tous autres, toute forte de Boutons
à Vafe, Olive, & Gland d'Or, & d'Argent & de Soye;
Glands de Fil, Glands pour garnir Rabats, Colets & Mou-
choirs, Chevillées, Poignées de Dagues & d'Epées, Garni-
tures de Pertuifanes, Boutons à l'Eguille, à l'Etoile & à la
Turc, à Points de Milan, Points de Florence, à Rofe, à Car-
reaux, à Grape, à Tête de Mort & à la Morefque, à la Royale,
à l'Indienne, en Las d'Amour; Boutons à la Polonoife, à
longues Queuës & Houpes, & de toute autre forte de Boutons laffez, tracez & garnis, à Ferluches & à Cordelieres,
& de toute forte d'Ouvrages à la Jatte & à la Lanternelle,
& enjoliver de toute autre façon qui fe font, peuvent &
pourront faire au Crochet & au Doigt, à l'Eguille & au Dez.

XIX.

Pourront auffi faire toute forte de Cordons & Cordonets
qui fe façonnent au Roüet, comme Gance, Cantille pleine
& creufe; Chaînes & Chaînettes, Frifons fatinez & chevillez; Boüillons, Frifures, Guipures plattes & rondes; Guipures à dentelles Or & Argent, grappées & frifées; Milanoife,
Milleret; Cartifanne, Frifades & non Frifades, & toute autre
forte de Retors & Enjolivemens qui fe font au Roüet, Gui-
poix, Crochets au Moulin, au Chevalet, Sabot, à l'Emeril-
lon & à la Molette.

XX.

Feront pareillement lefdits Boutonniers & Enjoliveurs,
comme ils ont accoutumez de faire, toute forte de Moules
à Boutons, comme Glands, Poires, Vafes, Pommes, Olives,
Coulans; Boutons plats, chevillez, Emerillons, Molettes &
tous autres Moules de bois ou de buis, ou Dez qui fe font,
peuvent ou pourront faire tant à l'Arçon qu'au Roüet, fer-

vant à leur Métier, à l'exclusion de tous autres.

XXI.

Pourront aussi lesdits Maistres pour faire leurs Ouvrages, employer toute sorte de Crins & Cheveux, Fer & Cuivre, Laiton, Baleine, Fer-blanc, Bois, Paille, Tarque, Verre, Jaye, Email, Parchemin, Velin brodé, enluminé & doré, Tocque, Taffetas, Satin, Velours, Gaze, Tabis, Draps, & de toute sorte d'Etoffe & de Toile, pourvû que le faux ne soit pas mêlé avec le fin.

XXII.

Lesdits Maistres Boutonniers & Enjoliveurs pourront pour faire leurs Ouvrages & Enjolivemens se servir de toute sorte d'Outils, Machines & Engins, à l'exception seulement de la haute & basse Lice, de la Marche, du Peigne, de la Tire & de la Navette.

XXIII.

Ne pourront les Jurez dudit Métier intenter ni soutenir aucuns Procès concernans les Droits, Reglemens & affaires de la Communauté qu'auparavant ils n'ayent fait assembler tous les Maistres pour prendre leurs avis, & se regler suivant iceux au plus grand nombre de voyes, à peine de porter en pure perte tous les dépens qu'ils auront faits.

XXIV.

Pourront lesdits Maistres Boutonniers & Enjoliveurs faire Visite toutes & quantes fois ils le jugeront à propos, par tout où ils soupçonneront que l'on travaille de leur Métier; Et en cas qu'il se trouve quelqu'un à travailler pour autre que pour lesdits Maistres, il leur sera permis d'enlever tous les Ouvrages qu'ils trouveront dépendans de leur Métier; & ceux qui se trouveront en contravention seront à l'amende de vingt livres tournois & aux dépens.

XXV.

Pour la conservation de la Confrérie dudit Métier institué en l'honneur de Saint Loüis, les Maistres de l'Office

exerceront

exerceront la Charge de la Confrérie, dont un fera élû &
changé par chacun an dans la Chapelle de ladite Confrérie
le lendemain de la Fête de Saint Loüis après la Meffe des
Trépaffez, & ce fera chacun à fon tour; à l'inftant feront
tenus les nouveaux Maîtres qui auront été elûs d'accepter
ladite Charge & figner leur Acceptation fur le Regiftre de
ladite Communauté, & quinze jours après que lefdits Maîtres feront fortis de Charge, ils feront tenus de rendre
Compte de leur adminiftration dans ladite Chambre de l'un
des Jurés, en préfence de tous les Maîtres, tant de la Confrérie que de la Jurande, tant de la Recepte que dépenfe, à
peine de dix livres d'amende, & fera payé pour le Droit de
preftation de ferment trois livres.

A MONSIEUR,

MONSIEUR LE PRESIDENT, LIEUTENANT, Général au Bailliage & Siége Préfidial de Metz.

SUplient humblement les Maîtres Boutonniers & Enjoliveurs de ladite Ville; DISANS: Que n'y ayant jufqu'icy eû
aucune Maîtrife de Boutonniers en cettedite Ville, que les
Suplians s'étans pourvûs pour être maintenus en la poffeffion
dans laquelle ils étoient de faire des Boutons, & autres Ouvrages dépendans, ils en auroient été déboutés, fauf à eux
dans trois mois à fe pourvoir pardevant Sa Majefté, pour obtenir de Sadite Majefté des Statuts & Atours; & comme ils
en ont fait dreffer, qu'il eft néceffaire que vous les exami-
niez avec Monfieur le Procureur du Roy, lefquels font au-
tant conformes qui pût faire aux Statuts & Atours des Boutonniers de la Ville de Paris; c'eft ce qui les oblige de vous
prefenter lefdits Articles dreffez en forme de Statuts, en-
femble la prefente Requête.

B

Ce Confideré, Monsieur, Il vous plaife, vû lefdits Articles au nombre de vingt-cinq; il Vous plaife les agréer, aprouver & ordonner que les Suplians fe pourvoiront inceffamment pardevers Sa Majefté, pour obtenir de Sadite Majefté la Confirmation defdits Articles : Et vous ferés bien. *Signez* FRANÇOIS STATER, P. BEURRE' Commis pour toute la Communauté pour l'obtention defdits Statuts & Atours.

VEU par Nous Pierre-Philipe Pantaleon, Confeiller du Roy, Préfident, Lieutenant Général au Bailliage & Siége Préfidial de Metz, & Jean Aubry Confeiller & fon Procureur au même Siége, les Statuts dreffés par les Maîtres Boutonniers & Enjoliveurs de ladite Ville, contenans vingt-cinq Articles, lefquels ayans examinés, Nous eftimons, que fous le bon plaifir de Sa Majefté, ils peuvent leur être accordés, ny ayant rien de contraire au bien Public. A Metz ce vingt-cinquiéme May 1697. *Signez* PANTALEON. ET AUBRY.

LETTRES PATENTES

DE CONFIRMATION

Des Statuts & Atours cy-devant.

LOUIS par la grace de Dieu Roy de France & de Navarre, à tous préfens & avenir ; SALUT. Nos bienamés les Maîtres Boutonniers & Enjoliveurs de la Ville de Metz, Nous ont très-humblement fait remontrer que pour le maintien de leur Négoce & Travail, & pour empêcher les abus qui s'y peuvent glifler, & reformer les fraudes qui pourroient s'y commettre ; Les Expofans fe font

affemblés en Corps & Communauté pour délibcrer fur les
moyens propofés pour y parvenir, ils ont enfuite convenu
entre eux des Statuts & Réglemens néceffaires pour rétablir
ledit Commerce & Travail dans un bon ordre, tant pour
la feureté & avantage du Public, que pour le bien de la
Communauté, & faire ceffer les Procés qui pouroient leur
être faits à ce fujet ; lefquels Statuts ils ont fait rédiger en
vingt-cinq Articles tranfcrits dans un Cahier de Papier, lequel ils ont prefenté à nos Lieutenant Général & Procureur pour nous du Bailliage & Préfidial de Metz, pour
iceux voir, examiner & reformer ; après lequel examen &
que lefdits Lieutenant Général & Procureur pour Nous ont
aprouvé & eftimé fous notre bon plaifir, au bas dudit Cahier defdits Statuts, qu'ils peuvent leur être accordés, étant
conformes à ceux de notre bonne Ville de Paris, & n'y ayant
rien de contraire au bien Public, à la charge par eux d'obtenir nos Lettres de Confirmation, en confequence des
Edits, Déclarations & Arrêts concernans les Arts & Métiers,
en payant les fommes aufquelles ils ont été taxés ; Les Expofans ont en confequence payé lefdites taxes, & font obli-
gés d'avoir recours à nous, Nous fupliant très-humblement
de vouloir agréer, aprouver, ratifier & confirmer, & leur en
faire expedier nos Lettres fur ce néceffaires. A CES CAU-
SES, voulant favorablement traiter lefdits Expofans, &
leur faciliter les moyens poffibles d'empêcher qu'il ne fe gliffe aucuns abus dans leurdit Art & Commerce, & les Procés qui leur pourroient être faits ; de l'avis de notre Confeil qui a vû lefdits Statuts, au bas defquels eft l'Aproba-
tion defdits Lieutenant Général & Procureur pour Nous
de làdite Ville de Metz, cy-attachés fous le Contrefcel de
notre Chancellerie : Nous de l'avis de notre Confeil, & de
notre grace fpeciale, pleine puiffance & autorité Royale,
Avons aprouvé, confirmé, autorifé & homologué, &
par ces Préfentes fignées de notre main, confirmons, aprou-
vons, autorifons & homologons lefdits Statuts ; Voulons &

Nous plaît qu'ils soient gardés & observés selon leur forme & teneur, tant par les Exposans, que les Maîtres de leur Communauté-presens & à venir, sans qu'il y soit contrevenu en quelque sorte & manière que ce soit, sur les peines y portées; pourvû toutefois qu'il n'y ait rien de contraire à nos Ordonnances, ny aux Us & Coutumes des Lieux, préjudiciable à nos Droits & à ceux d'autruy. Faisons très-expresses défenses à toutes Personnes de les troubler ny de s'entremettre audit Art & Métier de Boutonnier & d'Enjoliveur, s'il n'est reçû Maître en ladite Communauté, à peine de deux cens livres d'amende. Si DONNONS EN MANDEMENT à nos amés & feaux Conseillers les Gens tenans notre Cour de Parlement, Comptes, Aydes & Finances à Metz, & autres nos Officiers & Justiciers, que ces Presentes nos Lettres de Confirmation de Statuts, ils fassent regîtrer, & du contenu en icelles joüir & user lesdits Exposans & les Maîtres de leur Communauté à present en Charge, & ceux qui leur succederont en ladite Profession, pleinement, paisiblement & perpétuellement, cessant & faisant cesser tous troubles & empêchemens contraires: CAR tel est notre plaisir. Et afin que ce soit chose ferme & stable à toûjours, Nous avons fait mettre notre Scel à cesdites Presentes. DONNE' à Fontainebleau au mois de Septembre, l'an de grace mil six cens quatre-vingts-dix-sept. Et de notre Regne le cinquante-cinquième. *Signé*, LOUIS. Et sur le reply, Par le Roy, LE TELLIER. A côté, *Visa*, BOUCHERAT, *Pour Lettres de Confirmation de Statuts aux Boutonniers de la Ville de Metz.* Et scellées du grand Sceau de cire verte, pendant en lacs de soye rouge & verte.

Enregîtré ès Registres de la Cour suivant l'Arrest du seize Novembre mil six cens quatre-vingts-dix-sept. *Signé*, LA CROIX, *Saint Estienne.*

❀❀❀❀❀❀❀❀❀❀❀❀❀❀❀]❀❀❀❀❀❀❀❀❀❀❀❀❀❀

EXTRAIT DES REGISTRES
DE PARLEMENT.

VEU PAR LA COUR les Lettres Patentes, don-
nées à Fontainebleau au mois de Septembre dernier,
Signé, LOUIS. Et fur le reply, Par le Roy, LE TEL-
LIER. Scellées du grand Sceau de cire verte, pendant en
lacs de foye rouge & verte, par lefquelles & pour les con-
fiderations y contenuës, Sa Majefté voulant favorablement
traiter les Maîtres Boutonniers & Enjoliveurs de cette Ville
de Metz, & leur faciliter des moyens poffibles d'empêcher
qu'il ne fe gliffe aucuns abus dans leur Art & Commerce,
& les Procès qui pourroient leur être faits ; de l'Avis de fon
Confeil qui a vû les Statuts reglés & convenus entre-eux,
contenans vingt-cinq Articles tranfcrits dans un Cahier de
Papier, examinés & aprouvés par les Lieutenant Général
& Procureur du Roy au Bailliage de ladite Ville de Metz,
attachés fous le Contrefcel defdites Lettres Patentes, auroit
aprouvé, confirmé & autorifé & homologué lefdits Statuts,
& ordonné qu'ils feroient gardés & obfervés felon leur forme & teneur par lefdits Maîtres Boutonniers & Enjoliveurs
& leur Communauté, prefens & avenir, fans qu'il y foit
contrevenu en quelque maniére que ce foit, fur les peines
y portées, pourvû toutefois qu'il n'y ait rien de contraire
aux Ordonnances de Sa Majefté, aux Us & Coûtumes des
Lieux, ny préjudiciable aux Droits du Roy & à ceux d'autruy, avec défenfes à toutes Perfonnes de les y troubler, ny
de s'entremettre audit Art & Métier de Boutonniers &
d'Enjoliveurs, s'il n'y eft reçû Maître en ladite Communauté, à peine de deux cens livres d'amende. Vû auffi lefdits
Statuts, la Requête defdits Maîtres aux fins d'enregiftrement defdites Lettres, pour joüir du benéfice & contenu en
icelles felon leur forme & teneur ; Conclufions du Procureur

Général du Roy, à qui le tout a été communiqué: Oüy le Raport de Me. François Eſtienne d'Augny, Conſeiller: Tout conſideré. LA COUR a ordonné & ordonne que leſdits Statuts & Lettres Patentes ſeront enregiſtrées, pour être exécutés ſelon leur forme & teneur; à l'exception du I, Article; portant qu'aucun ne pourra être reçû Maître qu'après quatre ans d'Aprentiſſage, lequel terme d'Aprentiſſage a été réduit à deux ans. Du IV. Article portant que les Aſpirans à ladite Maîtriſe ſeront tenus de mettre dans la Boëte de la Communauté pour les affaires d'icelle, la ſomme de dix livres, laquelle ſomme a été moderée à ſix liv. Du V. portant que leſdits Aſpirans payeront pour leur Reception pour Chef-d'Oeuvre, aux Jurés ſix liv. tournois, aux Maîtres aſſiſtans trente ſols, & aux Juges dix liv. lequel Article a été réduit à trois livres pour les Maîtres Jurés, vingt ſols pour les Maîtres Aſſiſtans, & ſix livres pour les Juges. Du VIII. Article portant que les Fils de Maîtres payeront cinq livres à la Boëte, pour les ſalaires des Jurés en Charge chacun trente ſols, & aux Juges ſix livres, lequel Article a été moderé & ordonné que leſdits Fils de Maîtres païeront moitié des Droits reglés dans l'Article IV. ci-deſſus. FAIT à Metz en Parlement le ſeiziéme jour de Novembre mil ſix cens quatre-vingts-dix-ſept. *Signé*, LA CROIX.

DECLARATION DU ROY

Portant défenſes à tous Tailleurs d'Habits, de faire à l'avenir aucuns Boutons de Drap ou autre Etoffe; & à toutes Perſonnes d'en porter.

LOUIS par la grace de Dieu Roy de France & de Navarre: A tous ceux qui ces preſentes Lettres verront, SALUT. Nous avons été informé du préjudice conſiderable que cauſe dans notre Royaume l'uſage qui s'eſt in-

troduit depuis peu de tems, de porter des Boutons de la
même Etoffe des Habits, au lieu qu'auparavant ils étoient
pour la plûpart de foye; ce qui en faifoit une très-grande
confommation, particulierement dans notre Province de
Languedoc, & donnoit de l'employ à un grand nombre de
nos Sujets : Et comme nous n'avons rien plus à cœur
que d'augmenter les Manufactures & procurer à nos Sujets
les moyens de fubfifter par leur travail, Nous avons réfolu
de pourvoir à cet abus. A CES CAUSES, & autres à
ce Nous mouvans, & de notre certaine fcience, pleine
puiffance & autorité Royale, Nous avons par ces Prefentes fignées de notre main, fait très-expreffes défenfes aux
Tailleurs d'Habits & à tous autres, de faire à l'avenir, à
commencer du jour de la publication des Prefentes, aucuns Boutons de Drap & de toute autre forte d'Etoffe de
quelque qualité qu'elle foit, à peine de cinq cens livres d'a-
mende, aplicable un tiers au Dénonciateur, un tiers aux
Hôpitaux des lieux, & l'autre tiers à notre profit. Faifons
pareillement défenfes à toutes perfonnes d'en porter fur
leurs Habits, à commencer du premier Janvier 1695. à peine
de trois cens livres d'amende aplicable, fçavoir, la moitié
aux Hôpitaux des lieux, & l'autre moitié à notre profit. Si
DONNONS EN MANDEMENT à nos amés & feaux Confeillers
les Gens tenans notre Cour de Parlement à Metz, que ces
Prefentes ils ayent à faire lire, publier & regiftrer, même
en tems de Vacations, & le contenu en icelles garder &
exécuter felon leur forme & teneur. Voulons qu'aux Copies defdites Prefentes collationnées par l'un de nos amés &
feaux Confeillers-Secretaires, foy foit ajoûtée comme à
l'Original : CAR tel eft notre plaifir. En témoin de quoy
Nous avons fait mettre notre Scel à cefdites Prefentes.
DONNE' à Fontainebleau le vingt-cinquiéme jour de Septembre, l'an de grace, mil fix cens quatre-vingts-quatorze.
Et de notre Règne le cinquante-deuxiéme. *Signé*, LOUIS.
Et plus bas, Par le Roy, LE TELLIER. Vû au Confeil,

PHELYPEAUX. Et ſcellées du grand Sceau de cire jaune, pendant à double queuë de Parchemin.

Publié au Parlement de Metz le Jeudy vingt-uniéme Octobre mil ſix cens quatre-vingt-quatorze. Collationné. Signé, D U B R E U L.

ARREST DU CONSEIL
D'ETAT DU ROY.

Qui fait défenſes aux Tailleurs d'Habits & à toutes autres Perſonnes, de faire & mettre, ny porter ſur les Habits aucuns Boutons de Drap, de Tiſſus, de Rubans ny d'aucune autre Etoffe de Soye, ny d'Or & d'argent faites au Métier, ſur les peines portées par la Déclaration du vingt-cinq Septembre dernier.

EXTRAIT DES REGISTRES DU CONSEIL
d'Etat.

LE ROY ayant par ſa Déclaration du vingt-cinquiéme Septembre dernier, fait très-expreſſes défenſes aux Tailleurs d'Habits & à tous autres, de faire à l'avenir aucuns Boutons de Drap, & de toute autre ſorte d'Etoffe, de quelque qualité qu'elle ſoit : Et Sa Majeſté étant informée qu'au préjudice des défenſes portées par cette Déclaration, les Tailleurs de la Ville de Lyon ſe ſont aviſés d'intelligence avec les Maîtres Ouvriers en Drap de Soye, de fabriquer des Rubans d'Or & d'Argent, & Etoffe de Soye en façon d'un Bouton qu'ils couſent, & les apliquent & couſent ſur les Moulles de Boutons ; ce qui eſt une contravention à ladite Déclaration : A quoy Sa Majeſté voulant pourvoir. SA MAJESTE' ESTANT EN SON CONSEIL, a ordonné & ordonne, que la Déclaration du vingt-cinquiéme Septembre 1694. & l'Arrêt dudit Conſeil feil donné en conféquence le onziéme Janvier dernier, feront exécutées felon leur forme & teneur ; En conféquence fait Sa Majefté très-exprefles inhibitions & défenfes aux Tailleurs d'Habits & à toutes autres Perfonnes, de faire & mettre, ni porter fur les Habits des Boutons de Drap, de Tiffus, de Rubans, ni d'aucune autre Etoffe de Soye, ni d'Or & d'Argent faites au Métier, fous les peines portées par ladite Declaration. FAIT au Confeil d'Etat du Roy, Sa Majefté y étant, tenu à Verfailles le quatorziéme jour de Juin mil fix-cens quatre-vingt-quinze.

Signé, PHELYPEAUX.

LOUIS par la grace de Dieu Roy de France & de Navarre, Dauphin de Viennois, Comte de Valentinois & Diois, Provence Forcalquier & Terres Adjacentes : Au premier des Huiffiers de nos Confeils, ou autre notre Huiffier ou Sergent fur ce requis ; Nous te mandons & commandons par ces Préfentes fignées de notre main, que l'Arrêt cy attaché fous le Contre-fcel de notre Chancellerie, cejourd'huy donné en notre Confeil d'Etat, Nous y étant, tu fignifies à tous qu'il appartiendra, à ce qu'ils n'en prétendent caufe d'ignorance, & fais pour fon entiere exécution tous Actes & Exploits neceffaires, fans autre permiffion. Voulons qu'aux Copies dudit Arreft & des Préfentes collationnées par l'un de nos amez & feaux Confeillers-Secretaires, foi foit ajoutée comme aux Originaux : Car tel eft notre plaifir. Donné à Verfailles le quatorziéme jour de Juin l'an de grace mil fix cens quatre-vingt-quinze. Et de notre Regne le cinquante-troifiéme. Signé, LOUIS. Et plus bas, Par le Roy, Dauphin, Comte de Provence.

PHELIPEAUX.

A MONSEIGNEUR,
Monfeigneur l'Intendant.

SUPPLIENT humblement les Maiftres Boutonniers de cette Ville, DISANS Qu'encore que par la Declaration

C

du Roy du 25. Septembre dernier, il soit expressément défendu
à toutes Personnes de quelle qualité & condition qu'elles soient
de porter aucuns Boutons d'Etoffe sur leurs Habits, à commencer au premier Janvier suivant; & aux Tailleurs d'en faire
du jour de la publication, à peine contre les premiers de trois
cens livres d'amende, & contre les autres de cinq cens. Que
même par Arrest du Conseil du quatorze Juin dernier les
mêmes défenses ayant été réïterées; cependant cette Déclaration & cet Arrest sont devenus illusoires & sans exécution
dans cette Province, les Tailleurs ne cessant de faire des Boutons de Drap, de Tissus, de Toile & de toutes autres Etoffes; & toutes autres Personnes d'en porter, les uns sous prétexte de vieux Habits, les autres disant les avoir fait faire
chez eux : Enfin il semble à present qu'il n'y ait aucune défenses, dequoy les Supplians souffrent considerablement, &
sont obligez de recourir à votre autorité pour y être pourvû.

Ce consideré, MONSEIGNEUR, il vous plaise ordonner que lesd. Declaration & Arrest du Conseil seront
executez selon leur forme & teneur; ce faisant que défenses
seront réïterées à toutes Personnes de quelle qualité & condition qu'elles soient, de porter aucuns Boutons d'Etoffe, de
Soye, Toile, Tissus ou autrement, autre que de la fabrique
des Supplians; & aux Tailleurs d'en faire sous les peines portées par lesd. Declaration & Arrest : A l'effet dequoy ordonner que votre Jugement, ensemble ledit Arrest seront pu-
bliez & affichez, avec injonction au premier Huissier sur ce
requis de mettre le tout à exécution, & saisir les Habits qui
se trouveront chargez ou garnis desdits Boutons sur quelles
Personnes ils se trouvent : Et vous ferez justice. Signez,
PIERRE BEURRÉ, & FRANÇOIS STADTER, faisant
pour tous les autres Maîtres Boutonniers de ladite Ville.

NOUS ayant aucunement égard à ladite Requeste, Ordonnons que l'Arrest du Conseil du quatorziéme Juin dernier sera executé dans toute l'étenduë de nôtre Département;

& en cas de contravention, que les Supplians se retireront
pardevant les Juges ordinaires des Lieux, pour être les Contrevenans condamnez aux amendes portées tant par ledit,
Arrest que par la Déclaration de Sa Majesté du vingt-cinquiéme Septembre 1694. FAIT à Metz le quatriéme Juil-
let 1695. Signez, DE SEVE. Et plus bas par Mondit-Sei-
gneur, MAILLOT.

EXTRAIT DES REGISTRES
de la Police de Metz.

Du dix-septiéme Novembre mil sept cens.

SUR la Requeste, présentée par les Maistres Boutonniers
de cette Ville cejourd'huy, Expositive qu'encore que par la
Declaration du Roy du 25. Septembre 1694. il soit expresse-
ment défendu à toutes Personnes de quelle qualité & condition
elles soient de porter aucuns Boutons d'Etoffes sur leurs Habits, à commencer au premier Janvier suivant; & aux Tailleurs d'en faire du jour de la publication, à peine contre les
Premiers de trois cens livres d'amende , & contre les autres
de cinq cens; Que même par Arrest du Conseil du 14. Juin
de ladite année 1694. les mêmes défenses ayant été réïterées,
Cependant cette Declaration & cet Arrest sont devenus illusoires & sans exécution dans cette Province , les Tailleurs
ne cessant de faire des Boutons de Draps , de Tissus , de
Toile & de toutes autres Etoffes , & toutes autres Personnes d'en porter; les uns sous prétexte de vieux Habits, les
autres disans s'en avoir fait chez eux, en sorte qu'il semble
à présent qu'il n'y ait aucunes defenses , dequoy ils souffrent considerablement. A CES CAUSES, Reque-
roient qu'il soit ordonné que lesd. Declaration & Arrest du
Conseil seront executez suivant leur forme & teneur.   Ce
faisant que défenses soient réïterées à toutes personnes de

porter aucuns Boutons d'Etoffe, de Soye, Toille, Tissus ou autrement, & à tous Tailleurs & Chaussetiers d'en avoir dans leurs Boutiques & Maisons, faire, ny attacher aucuns Boutons d'Etoffe sur les Habits neufs ou vieux qu'ils feront, ou accommoderont; aux Fripiers & à toutes autres Personnes d'avoir, vendre, ou acheter aucuns Habits tant vieux que neufs où il y auroit des Boutons d'Etoffe. Après avoir oüy le Procureur du Roy en ses Requisitions. NOUS ayant égard à ladite Requête, ORDONNONS que la Déclaration du Roy du vingt-cinq Septembre mil six cens quatre-vingt-quatorze, & Arrêt du Conseil du quatorziéme Juin mil six cens nonante cinq seront exécutés selon leur forme & teneur; Et en consequence Avons fait défenses à tous Tailleurs d'Habits & autres de délivrer aucuns Habits garnis de boutons d'Etoffe de quelle qualité que ce soit, à peine de 500. livres d'amende, aplicables un tiers au Denonciateur, un tiers, à l'Hôpital Saint Nicolas, & un tiers au profit du Roy, & à toutes Personnes d'en porter à l'avenir; à peine de trois cens livres d'amende. Permis néanmoins à ceux qui en ont présentement sur leurs habits de les porter pendant six mois. Ordonné que dans huitaine les Chaussetiers, Juifs & Fripiers feront ôter tous les Boutons de Drap qui peuvent se trouver sur les Habits qu'ils ont en leurs maisons, à peine de confiscation & de cent livres d'amende. Et sera notre présente Ordonnance publiée & affichée par tout où besoin sera, à ce qu'aucun n'en prétende cause d'ignorance. Mandons aux Commissaires de Police d'y tenir la main. Fait à Metz ledit jour. *Signez*, AUBRY & PANTALEON. *Et plus bas*, BREBIAT.

www.ingramcontent.com/pod-product-compliance
Lightning Source LLC
Chambersburg PA
CBHW050439210326

41520CB00019B/6000